Todos los libros de Linkgua Ediciones cuentan con modelos de Inteligencia Artificial entrenados por hispanistas. Pregúntale al chat de tu libro lo que desees acerca de la obra o su autor/a.

Para ebooks: Accede a nuestro modelo de IA a través de este enlace.

Para libros impresos: Escanea el código QR de la portada con tu dispositivo móvil.

Obtén análisis detallados de nuestros libros, resúmenes, respuestas a tus preguntas y accede a nuestras ediciones críticas generativas para una experiencia de lectura más enriquecedora.
La transparencia y el respeto hacia la autoría de las fuentes utilizadas son distintivos básicos de nuestro proyecto. Por ello, las respuestas ofrecen, mediante un sistema de citas, las fuentes con las que han sido elaboradas.

Juan de la Cueva

Poemas

Barcelona 2024
Linkgua-ediciones.com

Créditos

Título original: Poemas.

e-mail: info@linkgua.com

Diseño de la colección: Michel Mallard.

ISBN rústica ilustrada: 978-84-9007-145-8.
ISBN tapa dura: 978-84-1126-707-6.
ISBN ebook: 978-84-9897-913-8.

Sumario

Brevísima presentación

La vida

Juan de la Cueva de Garoza (Sevilla, 1543-1612). España.

Vivió en Cuenca, en Canarias y en México entre 1574 y 1577; a su regreso a España empezó a escribir dramas. Se inspiró en el *Romancero* y en la mitología grecolatina y adoptó temas históricos y legendarios.

Escribió además veinticinco sonetos, varias églogas, una elegía, una sextina, tres madrigales y dos odas, que aparecen en el cancionero *Flores de varia poesía*. El *Ejemplar poético*, también publicado por Linkgua, escrito hacia 1606 y dividido en tres epístolas, es un arte poética manierista en tercetos encadenados. Otras obras suyas son *Viaje de Sannio*, poema de crítica literaria; *La Muracinda*, una narración épica burlesca de una venganza entre perros y gatos en endecasílabos blancos, el poema mitológico en octavas reales *Llanto de Venus en la muerte de Adonis*, la narración mitológica burlesca en octavas reales *Los amores de Marte y Venus*. Una colección de sus poemas fue publicada como *Obras de Juan de la Cueva* (Sevilla, 1582) y sus romances aparecieron en *Coro Febeo de Romances historiales* (1587). También le interesó la épica culta y escribió el poema en veinticuatro cantos *La conquista de la Bética* (Sevilla, 1603), que describe la conquista de Sevilla por Fernando III el Santo.

Égloga I

Argumento
Alción y Caustino, dos pastores cuyos nombres tienen alegórica significación. El Caustino era amado de una pastora llamada Cynthia. Alción, siendo su amigo, se aficionó della, y andando lamentándose de ver que lo trataba con menosprecio, entendido de Caustino, y hallándolo en sus lamentaciones quejándose de la esquiveza de Cynthia, haciendo burla de su ciega pasión, pasa con él el razonamiento que contiene, etc.

A don Antonio Manrique

Mi Musa ejercitada en las montañas,
entre riscos y árboles umbrosos,
oída de las fieras alimañas,
agradable a los Faunos amorosos,
quiere salir dejando las cabañas,
las dehesas y sotos deleitosos,
a los prados de Amor donde reparte
el fuego abrasador del fiero Marte,

y así mostrar el amoroso afeto,
la poderosa fuerza que conmueve
al más altivo pecho y más quieto
que cosas no esperadas tiente y pruebe;
en cuanto el ocio y el temor secreto
en que me tiene el Hado, que remueve
tantas causas de daño en daño mío,
sin dar jamás a su crueldad desvío,

quiere que ahora deste tiempo duro
reduzca un breve término a la pluma,
¡oh claro Don Antonio!, y que el seguro
temor espela y sosegar presuma,
porque el deseo y ánimo tan puro
que mueve a mi deseo no consuma
el voraz tiempo con oscuro olvido
siendo en Leteo a fuerza sumergido.

Por eso, gran señor, quitad de en medio
un solo punto el velador cuidado,
solicitando a vueltas el remedio
que el Cielo tanto tiempo me ha negado,
y del gobierno que es a tantos medio
os mostrad (a me oír) desocupado:
no porque el bajo acento lo merezca,
mas porque yendo a vos jamás perezca.

Y el Cielo dando a mis trabajos vuelta,
venido el tiempo que deseo tanto
en que mi opresa libertad sea suelta,
por vuestra mano dando fin al llanto,
dejada la fatiga en que revuelta
vive mi alma, en numeroso canto
celebraré vuestro glorioso nombre,
que en toda parte toda gente nombre.

Mas ya que el tiempo ahora me lo impide
y el horrible temor me corta el hilo,
pues él me lleva y él mis pasos mide
dando al sujeto acomodado estilo:
recibid los suspiros que despide
Alción, oíd su llanto, ved que un Nilo

se vuelve en su amorosa fantasía
siguiendo en soledad mi compañía.

De su dura fatiga compelido
y del tenaz dolor que le aquejaba,
a contemplar (en quien lo trae encendido)
sin sobresalto, un monte frecuentaba;
lugar quieto, dulce y escondido,
do Betis suavemente murmuraba
por entre flores y árboles corriendo,
do puesto Alción, la voz soltó diciendo:

Alción, Caustino

Alción

¡Oh Cynthia airada, altiva, ingrata y dura!
¡Oh corazón de duro diamante!
¡Oh Cynthia a mi tormento tan segura
y a mi firme querer tan inconstante!
¿De qué sirvió la inmensa hermosura
que el Cielo puso en ti? ¿De qué el semblante
que sosiega la ira al fiero viento,
si es causa de dar fuerza a mi tormento?

¿De qué sirvió la púrpura y el oro,
la nieve, perlas y el rubí precioso?
¿De qué las luces de inmortal tesoro
y el nativo esplendor maravilloso?
¿De qué la voz del soberano coro?
¿De que el mirar honesto y poderoso
de dar a un muerto vida y buena suerte
si solo a mí tal bien me da la muerte?

No porque a mi firmeza se le debe
ni a puro amor en mí tan conocido,
que tanto mal y tanta afrenta pruebe
y en tal odio me vea consumido.
¿Cuál árbol, cuál montaña no se mueve
a mi dolor? ¿Cuál bronce endurecido?
¿Cuál risco no se ablanda con mis ojos?
¿Cuál aspereza de ásperos abrojos?

Sola en ti no ay piedad, sola en ti falta,

que a todo sobrepujas en dureza:
así cual eres en beldad más alta,
así eres desigual en la crueza;
que tu obstinado corazón esmalta
dentro de sí tal odio y tal fiereza
que oyendo tu crueldad en mis querellas
cruel te llama el Cielo y las estrellas.

Por ti padezco el aspereza y saña
del poderoso Amor y mi cuidado;
por ti todo contento y bien me daña
y por ti estoy sin mí y en ti ocupado;
por ti la soledad desta montaña
sigo, por ti aborrezco mi ganado,
que otro tiempo amparé cuando fui dino
que me vieses sin miedo de Caustino.

Por él te veo siempre desdeñarme,
por él serte odioso el nombre mío;
por él huyes de mí sin escucharme
y por él sufro tu inmortal desvío;
por él aun no te mueves a mirarme,
con no pretender más mi desvarío
de que un solo momento a hurto veas
el mal que haces en mí por que lo creas.

No te pido yo en esto que aborrezcas
a quien Amor, el Cielo y la ventura
favorecen, ni quiero que enternezcas
tu corazón por ver mi desventura,
que ya esperar que tú te condolezcas
de mi terrible mal, sería locura
si no es que Amor quisiese ya de hecho

mudar tu corazón y altivo pecho.

Mas esto (si es remedio) no es posible
que pueda ser en mi favor y ayuda,
que siendo cual te soy aborrecible,
¿qué bien habrá que a socorrerme acuda?
¡Oh suerte dura! ¡Oh corazón terrible!
¡Oh ingrata Cynthia! ¿Cómo no se muda
tu alma de ese amor, por quien me dejas
ardiendo en fuego, en celo, en llanto, en
  quejas?

Con un suspiro puso fin al canto,
enternecido en su amorosa pena,
paró la lengua y dio lugar al llanto
que se mostrase con crecida vena;
traspuesto en su congoja y su quebranto
del racional discurso se enajena,
y estando así, Caustino se hallaba
en el mismo lugar y así cantaba:

Caustino

Sagrado Betis, que con dulce estruendo
vas regando esta selva deleitosa
a donde van guiados mis acentos:
enfrena tu corriente presurosa;
oye mi canto, con el cual pretendo
tener suspensos los airados vientos;
y los más elementos
que distintos están por su aspereza
juntos al tierno canto
estarán mientras canto,
libre de la crueza
del ciego, injusto Amor y su fiereza,

en libertad sabrosa,
fuera de su contienda peligrosa.

Sus vanas esperanzas seguí un tiempo,
sus dañosos placeres me agradaron,
mas desto vivo libre y reposado,
escarmentado en ver cuantos quedaron
burlados de su breve pasatiempo,
y cuantos lloran su engañoso estado.
Conmigo retirado
en esta soledad, dulce, agradable,
no temo si se aíra
mi pastora o me mira,
si esta odiosa o afable,
si quiere, si aborrece, si es mudable,
que es la vida que adora
el ciego amanta que su bien inora.

De todo aquesto en libertad segura
me río, y lo estoy viendo muy quieto,
despedidos del alma los temores,
seguro ya del peligroso aprieto,
reducido a razón de mi locura
gozo el suave aliento destas flores;
en aquestos dulzores
ocupo solamente mi sentido,
y en llevar mi ganado
al pasto acostumbrado,
traerlo del ejido,
en mirar si el sarmiento está metido,
si a la fresca ribera
pinta la deseada Primavera.

Pongo la cuerda a la sutil raposa,
tiendo la red al ave descuidada,
sigo el ligero ciervo en su corrida;
vuelvo cargado dél a la majada
después que con carrera presurosa
en el curso acabó su curso y vida;
hago dél mi comida,
convido sin temor al ganadero,
que sus vacas guardando,
a su placer cantando,
con ánimo sincero
lo acepta, y aunque rustico y grosero,
lo tiene en más estima
que plata u oro u lo que más se estima.

No me entretengo ni jamás do entrada
en mi memoria al fácil pensamiento,
que en cosas fuera déstas pare un punto;
luego lo aparto y voy en seguimiento
de la vida quieta y reposada,
que todo bien alcanza y tiene junto.
No me altero, o barrunto
mil sospechas, ni admito su recelo;
no doy fuerza al tirano
que juzga ya en su mano
todo el poder del suelo,
porque el otro señor viendo su celo
de ambición, le responde
riendo lo que el cauto pecho esconde.

¿Quién es aquél que solo y recogido
al pie de aquella haya veo sentado,

seguro al parecer, libre y quieto?
¿Es Alción? ¡Él es, oh desdichado!
¿Qué nueva desventura le á traído
aquesta soledad, o cuál aprieto
le tiene tan sujeto?
¿Vive en su antiguo fuego todavía?
Quiero a do está acercarme
y dél mismo informarme,
y por aquesta vía
pasaré sin fastidio el largo día,
oyéndole dar cuenta
del mal que le consume y atormenta.

Salud tengas, Alción, y del rocío
de la dorada Aurora tengas parte,
y tenga fin tu mal tan importuno,
y en la fértil ribera deste río
que por diversas partes se reparte
veas el bien a tu deseo oportuno;
y sin miedo ninguno
del cauto lobo, pluvias o tormenta,
arribes tu ganado
al deleitoso prado
donde se representa
la gloria en que tu alma se sustenta,
y veas tus corderos
henchir de blanca lana tus aperos.

Alción

Llueva dulce licor por tus collados,
uvas te dé la larga montuosa
y el lobo tenga miedo a tu ganado;
dente los alcornoques miel sabrosa
y tus corderos sean señalados

de la raíz de sándix de su grado.
La tierra sin arado
te produzca abundantes sementeras,
las ásperas espinas
te broten clavellinas,
y en las anchas laderas
te nazca el rico amomo y hagas cras,
y te dé tal contento
cual yo con tu venida ahora siento.

Caustino

Cuán seguro, quieto y sin cuidado
te muestras, Alción, en tu semblante,
sentado a sombra desa haya umbrosa
sin que cosa a impedirte sea bastante;
gozoso vives el felice estado
do te subió tu suerte venturosa,
y con voz sonorosa
llamas a la pastora que recrea
tu alma, a ella ofrecida,
que de Amor encendida
la considere y vea,
y tu encendido amor conozca y crea,
y entre aquestos dulzores
los celos dan más fuerza a tus amores.

Alción

Caustino: nunca fue tan venturoso
que de tan alto bien tuviese parte,
ni jamás conocí tan alta suerte
ni ocupo mi juicio, estudio y arte
sino en mi trato agreste, deseoso
de verme libre de cuidado fuerte,
que causa triste muerte
al que sigue su lucha peligrosa,

a donde es ser vencido
el que más á podido.

Caustino — No me digas tal cosa,
que tu alma también es amorosa.

Alción — ¿Por qué razón lo entiendes?

Caustino — Porque conozco el fuego en que te enciendes.

Alción — Negarte que no estoy de Amor llagado,
que no abrasa el Amor el pecho mío,
sería negarte la verdad probada:
como si te afirmase que este río
es monte, y esta haya es mi ganado,
y esta luz que da el Sol es emprestada;
y así es cosa escusada
encubrir lo que al fin de estar cubierto
el tiempo que lo encubre
él mismo lo descubre,
mas el procurar cierto
quiénes la que yo amo, es desconcierto,
porque fiero castigo
el Cielo me promete si lo digo.

Caustino — Sin duda es la gran Juno tu querida,
según la encubres dentro en tu conceto,
y es justo así guardalle sus amores,
que uno por no amalla con secreto
fue su voluntad loca conocida
y por premio sacó eternos dolores.
Pues mira los ardores

de la hermosa Venus y el dios Marte
que aun de sí los guardaban,
mas después suspiraban
aquella sutil arte
con que su amor se supo en toda parte,
porque el humilde suelo
prometió no encubrille nada al Cielo.

Alción

No quiero a Venus ni es mi amor con Juno,
ni contiendo con dioses celestiales,
Caustino, ni procuro lo imposible;
ni desafío dioses inmortales,
ni quiero dellos infamar ninguno,
ni quiero ser a Jove aborrecible;
ni tengas por terrible
tener secreta aquella a quien adoro,
porque sería más vicio
decir que la codicio
sin guardar el decoro
de aquella que merece el alto coro,
y no a un ganadero
que cuando más alcanza es ser cabrero.

Caustino

Si en aqueste lugar secreto y solo
te dijese quién es, ¿qué me dirías
si descubriese todo tu deseo?

Alción

Caustino, ten por cierto que serías
para conmigo otro nuevo Apolo,
otro sabio Tiresias o Proteo;
y aunque lo seas no creo
que comprender puedas el cuidado
a que vivo sujeto,

pues saber lo secreto
a Dios es reservado,
a quien el corazón del hombre es dado,
por lo cual, ¡oh Caustino!,
no quieras imitar lo que es divino.

Mas ruégote, si el tiempo te concede
algún descanso y tu felice estado
te permite gozarlo en compañía,
des lugar al dulzor de tu cuidado
y al viento des la voz que 'Apolo excede
su divino concento y armonía.
Seguirte é con la mía
no igual, para tener tal competencia,
mas dándome tu aliento
resonará mi acento
que vaya a la presencia
de aquella de quien nunca hago ausencia,
de aquella que me enciende,
que el alma adora y sola el alma entiende.

Caustino

¿Si te agrada, Alción, cantar conmigo
qué premio habrá el que hubiere la victoria
o quien nos oye que nos dé sentencia?

Alción

¿Quién te puede, ¡oh Caustino!, a ti dar
 gloria
o quien puede en contienda entrar contigo
que no te ofrezca el premio de obediencia?
¿Quién de la competencia
nos juzgue? No ay en esto qué juzgarnos,
que yo te reconozco
ventaja, y la conozco,

que por ejercitarnos
y del calor molesto repararnos
pedí que al viento dieses
tu voz, no que conmigo competieses.

Caustino — Da principio, Alción, ¿por qué te tardas?
Tiempla tu dulce y sonorosa avena,
que con la mía ya te estó aguardando.

Alción — Muestra tu rica y fructuosa vena,
Caustino, ¿que te impide?, ¿a cuándo aguardas?
que ya te están las Ninfas escuchando
y aquélla que abrasando
está mi corazón en fuego esquivo
y en su hielo me enciende.

Caustino — Muy sin razón te ofende
siendo tan su cautivo.

Alción — Aunque me ofende en gran descanso vivo.

Caustino — Deja ya esas pasiones.

Alción — Comienza, y habrán fin nuestras razones.

Caustino — Dad a mi humilde canto grato oído
vos montes, fieras, ríos, aves, viento,
que en lo más apartado y escondido
se oiga nuestro rústico instrumento,
y el pecho de piedad endurecido
contra Alción se mueva a sentimiento,
de suerte que los Faunos y Silvanos

canten y bailen por aquestos llanos.

Alción

Tú, Cielo de mis quejas fiel testigo,
que oír mi mal te suspendió algún día,
séme, cual ya me fuiste, dulce amigo,
pues solo a ti conduele el ansia mía;
la ira, saña y el cruel castigo
de aquella fiera que mi bien desvía
y lleva por camino tan extraño
aplaca con decirle tú mi daño.

Caustino

Traigan amomo y casia, esparzan flores,
caigan pluvias de oro en este prado
en servicio de Cynthia tus amores,
con que su saña y odio sea aplacado.
Deja los montes, deja los pastores,
¡oh Pan de Arcadia!, ven, deja el ganado;
oye 'Alción y vengan por testigos
los mancebos de Arcadia sus amigos.

Alción

Desde aquí estoy mirando, ¡oh Ninfa bella!,
las Ninfas y las diosas escuchando
mi suelta voz, y conmovidas della
estar tu injusta crueldad culpando;
a ti te veo riendo mi querella
y tu culpa con daño mío excusando,
poniéndoles delante el amor puro
que enternece tu pecho al mío tan duro.

Caustino

En dura encina al natural sacada
de sutil mano, tengo tu figura,
bella Cynthia, y tan bien entretallada
que en ella ven cual es tu hermosura;

la de Alción al propio trasladada,
que llorando su extrema desventura
tu implacable crueldad, tu poco aviso,
está por ti de sí hecho un Narciso.

Alción

No ay planta en todo aquesto en que no
  vea,
¡ay, Ninfa ingrata! tu belleza puesta,
que en esta obra solamente emplea
mi alma la memoria en ti traspuesta;
mas temo (aunque esta gloria me recrea)
llegarme cerca aun con la vista presta,
impedida de ti y ardiendo en celo
lidio contigo, Amor, deseo y recelo.

Caustino

Cual fiera tigre no se mueve al canto
del mísero Alción, sino la ira
tuya, ¡oh cruel!, que al mundo causa es-
  panto
no moverte jamás canto de lira;
alza los ojos a mirar un tanto,
que ardiendo en tu desdén de sí respira
ardiente fuego con que enciende el hielo
desta montaña y casi abrasa el Cielo.

Alción

De aquí donde tu saña rigurosa
me tiene desterrado, estoy mirando
(¡ay, fiera!) tu beldad maravillosa,
parte por parte viendo y contemplando;
y te veo que libre y desdeñosa
estás riendo lo que estoy llorando,
sin más memoria de mover tu pecho
que si no hubieras tú mi daño hecho.

Caustino

De la pesada siesta el gran quebranto
hemos con nuestra música templado
y al Sol ardiente el encendido brío;
y una cosa, Alción, é contemplado:
que a la dulzura y fuerza de tu canto
cayó hielo y templo el ardiente estío,
hizo correr el río,
parar los montes sin ningún recelo,
que se moviese el Cielo,
soplar los vientos cuando resonaba
tu suelta voz y entre estos riscos daba,
a tu Ninfa llamando
que de tu fiero mal se está burlando.

Alción

¿Cuándo jamás mi Musa campesina
mereció que tal gloria se le diese
cual as dado al humilde canto mío?
¿O cuándo mereció que competiese
mi voz terrestre con tu voz divina,
pues es imaginarlo desvarío?
¿O cuándo el presto río
pudo mi canto suspender a oírme
cual quisiste decirme,
si no es que en tener yo tu compañía
tuvo valor la indina Musa mía,
criada entre montañas,
ejercitada en rústicas cabañas?

Y ahora conseguí que en mi cadena
cantar pudiese, ¡oh gloria soberana!,
que tanto premio viese en mi bajeza,
y no en balde la voz desta mañana

cuando traspuesto en mi sabrosa pena
llegó a mi oído aquí en esta aspereza
diciendo: tu tristeza
tendrá fin oí, primero que a Occidente
llegue el Sol, que de Oriente
comenzaba a mostrar sus rayos de oro;
con esta hoz se reparó mi lloro
y ahora é conocido
que aquella voz en esto se á cumplido.

Caustino

¿Qué voz pudo, Alción, hacerte cierto
de tan dudosa y no pensada gloria?
¿O quién pudo advertirte deste hecho,
que cierto es cosa dina de memoria
saber estando en medio de un desierto
tan fuera de sentido, en tal estrecho,
sintiesen tu despecho,
tu riguroso mal, y condolidas
las Ninfas escondidas
dentro en los verdes árboles umbrosos,
oyendo tus acentos dolorosos,
y a ellos respondiesen
y esperanza tan próspera te diesen?

No tienes, Alción, razón ninguna
tener así encubierta tal hazaña
a quien de tu contento lo recibe,
pues no ay quien pueda en toda esta montaña
impedir que no cuentes tu fortuna,
para lo cual al punto te apercibe.

Alción

Nada no me prohíbe

contar, Caustino amigo, mi suceso,
mas es largo el proceso
y no ay lugar, pues ya declina el día;
si quisieres los dos en compañía,
volvamos tu ganado
del pasto, y demos vuelta a lo abrigado,
y mañana la nueva luz mostrando
el claro Sol en el rosado Oriente,
con que se alegran al lugar presente,
venir podremos al lugar presente,
donde te iré, Caustino, recitando
todo el proceso de mis largos males.

Caustino

Si en ocasiones tales
difieres de dar cuenta de tu historia,
recoge la memoria
y demos ambos vuelta a mi cabaña,
que si el oído y vista no me engaña
Théstilis la criada
nos llama con la cena aderezada.

Epístola I

Sobre el ingenio y arte disputaron
Palas y el fiero hijo de la Muerte
a quien del cielo por odioso echaron.

La sabia diosa su razón convierte
en decir que el ingenio sin el arte
es ingenio sin arte cuando acierte.

De estas dos causas seguiré la parte
por do el ingenio inspira, el arte adiestra
sin que de su propósito me aparte.

Si admite la deidad sagrada vuestra,
Fébeas cultoras de Helicón divino,
comunicarse a la bajeza nuestra.

Y adiestrándome vos por el camino
de la vulgar rudeza desviado,
a su brutez profana siempre indino,

llegaré al punto en que veréis cantado
lo que el Arte al ingenio perfecciona,
y de quien es, si ha de acertar, guiado.

Sujeto es que repugna y abandona
de la mortal graveza la ignorancia,
y con puros espíritus razona.

Entre ellos hace dulce consonancia,
de quien recibe el numeroso acento

que lo adorna de afectos, y elegancia.

Vos a quien Febo Apolo da su asiento
y las Musas celebran en su canto
y el vuestro escuchan con discurso atento;

en mi temor que dificulta tanto
la extraña empresa, y me promete cierto,
la caída en el vuelo que levanto:

por este perturbado mar incierto
naufragando mi nave va a buscaros,
pues sois mi norte, a que seáis su puerto.

No va cargada -gran Fernando- a daros
ricas piedras de Oriente, ni preciosos
aromas, con que pueda regalaros.

Dones son los que os lleva más gloriosos,
de más estima, y de mayor riqueza
para la eternidad más poderosos.

De esta segura suerte la grandeza
se adquiere con los números, que el vuelo
cortan al tiempo en su mortal presteza.

Estos, son los que igualan con el cielo
los nombres, y así deben adornarse
con esplendor cual su lustroso velo.

De muchas cosas deben apartarse,
y otras muchas seguir precisamente
y por ley unas y otras observarse.

El verso advierta el escritor prudente
que ha de ser claro, fácil, numeroso
de sonido, y espíritu excelente.

Ha de ser figurado, y copioso
de sentencias, y libre de dicciones
que lo hagan humilde u escabroso.

La elevación de voces y oraciones
sublimes, muchas veces son viciosas
y enflaquecen la fuerza a las razones.

Vanse tras las palabras sonorosas
la hinchazón del verso, y la dulzura,
tras las sílabas llenas, y pomposas.

Entienden que está en esto la segura
felicidad y luz de la poesía
y que sin esto es lo demás horrura,

Si el verso consta solo de armonía
sonora, de razones levantadas,
ni fuerza a más, bien siguen esa vía.

Mas si las cosas han de ser tratadas
con puntual decoro del sujeto
faltaran, de ese modo gobernadas.

No explica bien el alma de un conceto
el que se va tras el galano estilo
a la dulzura del hablar sujeto.

Ni el que del vulgo sigue el común hilo
en término, y razones ordinarias
cual en su ditirámbica Grecilo.

Entrambas a dos cosas son contrarias
a la buena poesía, en careciendo
del medio, con las partes necesarias.

Caerá en el mismo yerro el que escribiendo
puramente en lenguaje castellano
se sale de él por escribir horrendo.

Cual ya dijo un poeta semi hispano
el centimano Gigans que vibraba,
que ni habló en romance, ni en romano.

Otro que de elevado se elevaba
dijo, el sonoro son y voz de Orfeo,
en mi espíritu interno modulaba.

Esta escabrosidad de estilo es feo,
sin ingenio, y sin arte, que es la llave
con que se abre el celestial museo.

Ha de ser el poeta dulce, y grave,
blando en significar sus sentimientos,
afectuoso en ellos, y suave.

Ha de ser de sublimes pensamientos,
vano, elegante, terso, generoso,
puro en la lengua, y propio en los acentos.

Ha de tener ingenio y ser copioso,

y este ingenio, con arte cultivallo,
que no será sin ella fructuoso.

Fruto dará, mas cual conviene dallo
no puede ser, que ingenio falto de arte
ha de faltar si quieren apretallo.

No se puede negar que no es la parte
más principal, y que sin arte vemos
lo que Naturaleza le reparte.

Y aunque es verdad que algunos conocemos
que con su ingenio solo han merecido
nombre, lugar común les concedemos.

Que el nombre de poeta no es debido
solo por hacer versos, ni el hacellos
dará más, que el hacello conocido.

Este renombre se le debe a aquellos
que con erudición, doctrina, y ciencia
les dan ornato que los hacen bellos.

Vístenlos de dulzura y elocuencia,
de varias y hermosas locuciones,
libres de la vulgar impertinencia.

Hablan por elegantes circuiciones,
usan de las figuras convenientes
que dan fuerza a exprimir sus intenciones.

Los poetas que fueren diligentes
observando la lengua en su pureza

formarán voces nuevas de otras gentes.

No a todos se concede esta grandeza
de formar voces, sino a aquel que tiene
excelente juicio, y agudeza.

Aquel que en los estudios se entretiene
y alcanza a discernir con su trabajo
lo que a la lengua es propio, y le conviene.

Cuál vocablo es común, y cuál es bajo,
cuál voz dulce, cuál áspera, cuál dura,
cuál camino es seguido, y cuál atajo:

Este tiene licencia en paz segura
de componer vocablos, y este puede
enriquecer la lengua culta y pura.

Finalmente, al que sabe, se concede
poder en esto osar, poner la mano,
y el que lo hace sin saber, excede.

Por este modo fue el sermón romano
enriquecido con las voces griegas,
y peregrinas, cual lo vemos llano.

Y si tú que lo ignoras, no te allegas
a seguir esto, y porque a ti te admira
lo menosprecias, y su efecto niegas,

lo propio dice el Sabio de Stagira
a quien Horacio imita doctamente
en dulce, numerosa y alta lira.

Si formaren dicción, es conveniente
que sea tal de la oración el resto
que autoridad le dé a la voz reciente.

No se descuide en la advertencia de esto,
y en cuáles son las letras con que suenan
bien, y con cuáles mal lo que es compuesto.

Vocablos propios muchos los condenan
por simples, mas las voces trasladadas
y ajenas, por dulcísimas resuenan.

Voces antiguas hacen sublimadas
con majestad y ser las oraciones,
si las palabras son bien inventadas.

La oración hacen grave las dicciones
inusitadas, y serás loado
si cuerdamente ordenas, y dispones.

Una cosa encomienda más cuidado
que en cualquiera sujeto que tratares
siga siempre el estilo comenzado.

Si fuera triste aquello que cantares
que las palabras muestren la tristeza
y los afectos digan los pesares.

Si de Amor celebrares la aspereza,
la impaciencia y furor de un ciego amante,
de la mujer la ira y la crueza:

este decoro has de llevar delante
sin mezclar en sus rabias congojosas
cosa que no sea de esto semejante.

Si de cosas tratares deleitosas
las razones es justo que lo sean;
si de fieras, sean fieras y espantosas.

Acomoda el estilo que en él vean
las cosas que tratares tan al vivo
que tu designo por verdad lo crean.

Pinta al Satúrneo Júpiter esquivo
contra el terrestre bando de Briareo
y al soberbio Jayán, en vano altivo.

Celosa a Juno, congojoso a Orfeo,
hermosa a Hebe, lastimada a Ino,
a Clito bello, y sin fe a Tereo.

No estará la virtud en su divino
trono entre el Ocio vil y Gula vana
por ser lugar a su deidad indino.

Ni la corona sacra de Ariadna
esmaltada de formas celestiales
estará bien ciñendo frente humana:

estas partes son todas principales
en el Arte, y si en ellas no se advierte
errarán en las cosas esenciales.

Y vendrá a sucederles de la suerte

que en la lira una cuerda destemplada
en disonancia las demás convierte.

En la salud del hombre deseada
una señal de muerte, en mil de vida,
basta para que muera y sea acabada.

Si la obra en que tienes consumida
con largo estudio, y con vigilia eterna
la mejor parte de tu edad florida;

si abstinente de Baco, y de la tierna
Venus, que los espíritus enciende
y las almas destempla, y desgobierna:

Si Apolo que te inspira, la defiende
si le faltó la parte de inventiva
de do el alma poética depende:

no puede ufana alzar la frente altiva
ni tú llamarte con soberbia Homero,
si le hace la fábula que viva.

De este yerro culparon al severo
Scalígero, y de esto anduvo falto
en su Arte Poética el primero.

Castigo fue que vino de lo alto
que él criticó al Obispo de Cremona
y a él le dan por la inventiva asalto.

Así el que aspira a la Febea corona
observe la Poética imitante

que es la vía a la cumbre de Helicona.

Parte, ni fuerza tiene tan bastante,
ni más vida, ni esencia, cuanto tiene
de fábula, que en ella es lo importante.

Después de saber esto le conviene
al pierio Poeta usar bien de ello
como no exceda al Arte, ni disuene.

De tal modo es forzoso disponello
que nadie inore, y sea a todos claro
sin que la oscuridad prive entendello.

Ha de ser nuevo en la invención y raro,
en la historia admirable, y prodigioso
en la fábula, y fácil el reparo.

Ningún preceto hace ser forzoso
el escribir verdad en la poesía,
mas tenido en algunos por vicioso.

La obra principal no es la que guía
solamente a tratar de aquella parte
que de decir verdad no ¡se desvía.

Mas en saber fingilla de tal arte
que sea verisímil, y llegada
tan a razón, que de ella no se aparte.

Nicandro en su Triaca celebrada
dicen que no es poeta, y que Lucano
no lo fue en su Farsalia laureada.

Históricos los llama Quintiliano
porque tanto a la Historia se llegaron.
Poetas a Platón y Luciano.

Estos que en sus poesías se apartaron
de la inventiva son historiadores
y poetas aquellos que inventaron.

No se dan del Parnaso los honores
por solo hacer versos, aunque hagan
más que Favonio da a los Samios flores.

Cuando se alarguen más, y satisfagan
al común parecer, en careciendo
de intención, con poco honor les pagan.

Así, a los que este ingenio va encendiendo
son metrificadores, no poetas
cual fue Empédocles que lo fue siguiendo.

Di tú, que a la invención no te sujetas
y quieres que tu fama sea gloriosa,
¿sin ellas, cuáles obras hay perfetas?

Di, ¿cómo será especie de otra cosa
aquella que debajo no estuviere
de su género? o ¿cómo provechosa?

Cuando uno o más versos escribiere
dando poemas cada día diversos,
no es eso, lo que en esto se requiere.

Menos hace un poeta en hacer versos,
que en fingir, y fingiendo satisface,
y no fingiendo cuando sean más tersos.

Así, el que escribe al modo que le aplace
sin sujetarse a reglas ni precetos,
de estimación carece lo que hace.

Los versos de esta suerte más perfetos
son oro con alquimia, o sin quilates,
que valen, pero poco entre discretos.

No faltará quien llame disparates
esto que voy diciendo, no entendido,
ni tratado cual cumple que lo trates.

Y será tu razón, si en el oído
suenan bien, si la lengua es propia y pura,
alto el conceto, el verso bien medido.

Si de cualquier dicción, común o dura,
se aparta, y va esmaltado de sentencias
y pone a cada paso una figura.

Si en las imitaciones, y licencias
poéticas, se hace lo posible,
déjennos ya estas críticas sentencias.

No tengas lo que digo por terrible,
ni lo que tú respondes por seguro,
ni a solo tu conceto por creíble,

Cuando tú hables en lenguaje puro,

cuando sea tu canto levantado,
cuando huya el vulgar y frasis duro.

¿Qué piensas tú que importa ese cuidado
si en lo que imitas perfección no guardas,
hermosura en lenguaje, y verso ornado?

¿Qué piensas tú que importa, cuando ardas
el corazón, y el alma, alambicando
el cerebro, tras ver lo que no aguardas?

Si en esas obras que te vas cansando
ni enseñas, ni deleitas, que es oficio
de los que siguen los que vas mostrando:

luego, razón será imputarle a vicio
al que de esto se aparta en su poesía
aunque se sueñe a Febo el más propicio.

En otro yerro incurre el que confía
en adornar los versos de dicciones
graves, dulces, que hagan armonía.

Si por subir de punto las razones
usa vocablos altos aplicados
en tiempos diferentes, y ocasiones.

Si los que son del tierno Alemán usados
en la dulzura de la blanda lira,
en la trompa de Homero son cantados.

Ni bien con ellos cantarán la ira
de Marte, ni de Amor los sentimientos

si del curso debido se retira.

A cada estilo apliquen sus acentos
propios, a su propósito y decoro,
no solo tras la voz de los concentos.

Febo se agrada y su piério coro
que se use en la lírica terneza
el verso dulce, fácil y sonoro.

Y por el consiguiente a la grandeza
heroica, aplica los vocablos fieros
con que se signifique su fiereza.

Peregrinos vocablos, y extranjeros
sirven a su propósito, y mezclallos
permitido, es también con los íberos.

Mas deben con tal orden aplicallos
que su economía y su decoro sea
en el nuevo idioma trasladallos.

El que en este propósito desea
alabanza, guardando los precetos
junte al provecho aquello que recrea.

Y tome solamente los sujetos
a que su ingenio más se aficionare
sin que en ellos violente los efetos.

Vaya por donde el mismo le guiare
sin torcer, ni hacelle repugnancia
que imposible será si no acertare.

El ingenio da fuerza a la elegancia
es la fuente, y el alma a -la inventiva,
y sin él, todo hace disonancia.

Mas importa advertir, que cuando esquiva
un sujeto, que huyan de forzallo,
que de acertar, formándolo, se priva.

Cual acontece al marcial caballo
revolver rehusando la carrera
sin poder arte o fuerza gobernallo:

Mas si el diestro jinete considera
la causa oculta, y con mudalle el puesto
hace lo que al apremio no hiciera.

Claro tenemos el ejemplo de esto
en el que hizo el «Sueño» a la viuda,
y a Venus el jardín tan deshonesto.

Que siempre fue su Musa tosca y muda,
en no siendo lasciva y descompuesta,
y en siendo obscena, fácil fue y aguda.

Otra Musa siguió los pasos de ésta
y de su mala inclinación el uso
cual en sus torpes obras manifiesta;

que ninguna de muchas que compuso
de sujetos de ingenio y regalados
dejó de dar molestia y ser confuso;

y como fuesen versos aplicados
a pullas, que era el centro de su ingenio,
fue admirable y los versos extremados.

Yo conocí un poeta cuyo genio
se aplicó siempre a varios argumentos,
y en especial a los que el dato Ennio.

Astro no dio favor a sus intentos,
ni jamás hizo cosa en que no viesen
lánguidos versos, bajos pensamientos.

Y como sus amigos le advirtiesen
del bruto estilo, y zafia compostura,
y los propios escritos lo dijesen:

echó de ver que toda su escritura
era sin arte y llena de rudeza,
sin medida, ni buena contextura.

Que las cosas comunes sin alteza
en lugares sublimes colocaba,
y las sublimes las ponía en bajeza.

Que en los sagrados épicos usaba
concetos ordinarios, inorando
la majestad que en ellos demandaba.

Que nos les iba a sus escritos dando
hermosura con flores y figuras,
que en variedad los fuesen esmaltando.

Que las dicciones ásperas y duras

no supo corregir, y usando de ellas
las nuevas ofuscó y dañó las puras.

Sin alcanzar, después de no entendellas,
consistir la excelencia a la Poesía
en variedad de elocuciones bellas.

En esta congojosa fantasía
su triste y laso espíritu rendido
a mil perturbaciones le ofrecía.

Lleno de confusión, entristecido,
rompió el silencio, levantando al Cielo
la voz diciendo, de dolor movido:

¡Oh, tú, Deidad que el tenebroso velo
de la caliginosa sombra ahuyentas
con luz divina, esclareciendo el suelo.

¡Oh, tú que los espíritus alientas
y con tu influjo celestial inspiras
las que en tu solio y a tu lado asientas:

Y coronando de laurel sus liras,
su gloria haces cual la tuya eterna,
y hombres y orbes con su canto admiras.

Si el mío tu sacro espíritu gobierna,
si en mis escritos invoqué tu nombre,
y en la dulzura de mi Musa tierna:

dime, ¡ay de mí!, ¿por qué no hallo un
  hombre,

ya que tú desdeñas de escucharme,
que en oyendo mis versos no se asombre?

¿Dejo de trabajar, y fatigarme
en el cómico y trágico argumento,
y en las sátiras libres desvelarme?

¿Dejo de hacer notorio el sentimiento
de mis ansias, en élegos llorosos,
y en líricos suaves mí tormento?

¿Dejo de celebrar héroes famosos
en verso heroico, a Marte consagrado,
y en épicos, oráculos gloriosos?

Si en esto, como sabes, he gastado
mi alegre juventud, y en alabanza
de dioses cien mil himnos he cantado,

¿por qué permites sin hacer mudanza
que en tan infame abatimiento vea
de mis largos trabajos la esperanza,

y que no hay sabio ni hay vulgar que lea
mis obras, que no vuelva el rostro dellas
el que más las alaba y lisonjea?

¿Es justo así que sufra escarnecellas?
¿Es justo así ver yo menospreciallas?
¿Es justo así que dejes tú ofendellas?

Si no es justo, y tú debes amparallas,
como deidad suprema y rector suyo,

acude, ¡oh, sacro Apolo!, a remediallas.

Acude a este sufragáneo tuyo,
acude, Apolo, a la infelice suerte
en que en tan triste deshonor concluyo.

Revélame algún arte con que acierte
a hacerme estimar y ser de aquellos
a quien tu aliento en otro ser convierte.

Ya pudiste sacar alguno dellos
de oficios viles de alquilada gente,
y preferir los cómicos más bellos.

Y de un sueño pudiste solamente
hacer poeta al que guardaba cabras
y que en tu coro junto a ti se asiente.

Estas no son quimeras, ni palabras;
cosas son pregonadas y sabidas
que en tus divinas oficinas labras.

Cosas son a ti Bolo concedidas,
y a quien ofrezco humilde y congojoso
estas húmidas lágrimas vertidas.

Esto diciendo, le juntó un sabroso
sueño los blancos párpados, quedando
a su dulzor rendido con reposo.

Y estuvo de esta suerte reposando
lo que la oscura sombra cubrió el mundo,
con Febo, según dijo, consultando.

Y resultó de allí, que en su profundo
sueño, le reveló el conocimiento
de aquello en que su ingenio era fecundo.

Sacudió el perezoso encogimiento
que tenía sus nervios impedidos
con la dulzura del nectáreo aliento.

Revolvió sus papeles conocidos
de tantos años, con afanes tantos
sustentados a fuerza y defendidos.

Y dijo, ya no quiero más quebrantos
en esta ceguedad, sirva el anillo
de Ciges que deshaga estos encantos.

El ingenio que supo mal regillo,
arrebatado de él, cautivo y ciego
por tantos disparates, di en seguillo;

ahora que a la sacra luz me llego
estas obras que hice sin seguilla,
contra mi natural, mueran en fuego.

Sin más hablar, ¡oh, extraña maravilla!
que un hombre así con su opinión casado
poder tan fácilmente reducilla:

Y cuanto tenía escrito y trabajado
por este parecer que eligió solo
sin dejar hoja, al fuego fue entregado.

Y por acuerdo, cual decía, de Apolo
siguió lo que en su ingenio le dictaba,
y lo demás que le dañó, dejólo.

Y de tal modo desde allí observaba
las leyes de su ingenio, que ninguna
por ocasión ni fuerza traspasaba.

conociendo contraria su fortuna
de lo que fue, huyó constantemente
cuanto el ingenio con hastío repuna.

dio en hacer coplas de plebeya gente
sin majestad heroica ni artificio,
en que su natural era excelente.

A Séneca dejó el lloroso oficio
de la tragedia, a Plauto y a Cecilio
de la vulgar comedia el ejercicio.

Cantar las armas remitió a Virgilio,
al de Ascra de Dioses -y labores,
a quien dio Apolo celestial auxilio.

La lírica dulzura y los amores
a Horacio y a Tibulo, y al fogoso
Juvenal murmurar vicios y honores.

Y un argumento humilde, aunque gracioso,
eligió, que su ingenio lo dispuso,
en que excedió al más alto y generoso,

Libre del Caos que le traía confuso,

cantó, en heroico plectro la excelencia
de la Tarasca, con ingenio infuso.

Cantó su natural y descendencia,
el origen, la causa, el fundamento
de hacer en Sevilla su asistencia.

Por qué sale en tal fiesta y con qué intento
se le entregó a la gente que la tiene
a su cargo, y dó fue su alojamiento.

Esto vistió de cuanto en sí contiene
un heroico poema, sin faltalle
parte de cuantas observar conviene.

De aquí nació seguille, y estimalle,
y entre los más ilustres escritores
la Tarascana nombre eterno dalle.

Mereció conseguir estos honores
porque siguió su ingenio y dejó aquello
que fue ocasión de todos sus errores.

Cherillo mereció de no hacello
la poca estimación, y la memoria
que en tal abatimiento fue a ponello.

De la gloriosa Atenas la victoria
contra Jerjes cantó, de ingenio opreso
y cómo, opreso así, le dio la gloria.

Tenga el poeta en la memoria impreso
esto, y con este ejemplo no se aparte

de lo que tengo del ingenio expreso,
quél es la forma y la materia el Arte.

Libros a la carta

A la carta es un servicio especializado para
empresas,
librerías,
bibliotecas,
editoriales
y centros de enseñanza;
y permite confeccionar libros que, por su formato y concepción, sirven a los propósitos más específicos de estas instituciones.

Las empresas nos encargan ediciones personalizadas para marketing editorial o para regalos institucionales. Y los interesados solicitan, a título personal, ediciones antiguas, o no disponibles en el mercado; y las acompañan con notas y comentarios críticos.

Las ediciones tienen como apoyo un libro de estilo con todo tipo de referencias sobre los criterios de tratamiento tipográfico aplicados a nuestros libros que puede ser consultado en Linkgua-ediciones.com.

Linkgua edita por encargo diferentes versiones de una misma obra con distintos tratamientos ortotipográficos (actualizaciones de carácter divulgativo de un clásico, o versiones estrictamente fieles a la edición original de referencia).

Este servicio de ediciones a la carta le permitirá, si usted se dedica a la enseñanza, tener una forma de hacer pública su interpretación de un texto y, sobre una versión digitalizada «base», usted podrá introducir interpretaciones del texto fuente. Es un tópico que los profesores denuncien en clase los desmanes de una edición, o vayan comentando errores de interpretación de un texto y esta es una solución útil a esa necesidad del mundo académico.

Asimismo publicamos de manera sistemática, en un mismo catálogo, tesis doctorales y actas de congresos académicos, que son distribuidas a través de nuestra Web.

El servicio de «libros a la carta» funciona de dos formas.

1. Tenemos un fondo de libros digitalizados que usted puede personalizar en tiradas de al menos cinco ejemplares. Estas personalizaciones pueden ser de todo tipo: añadir notas de clase para uso de un grupo de estudiantes, introducir logos corporativos para uso con fines de marketing empresarial, etc. etc.

2. Buscamos libros descatalogados de otras editoriales y los reeditamos en tiradas cortas a petición de un cliente.

www.ingramcontent.com/pod-product-compliance
Lightning Source LLC
LaVergne TN
LVHW101932220826
846093LV00009B/433

* 9 7 8 8 4 9 0 0 7 1 4 5 8 *